I0111947

Learn Russian with Beginner Stories

HypLern Interlinear Project
www.hyplern.com

First edition: 2025, October

Author: Serafima Gettys
Translation: Serafima Gettys - Kees van den End
Foreword: Camilo Andrés Bonilla Carvajal PhD

Translation and interlinear formatting © 2025 Bermuda Word. All rights
reserved.

ISBN: 978-1-989643-16-7

kees@hyplern.com
www.hyplern.com

Learn Russian with Beginner Stories

Interlinear Russian to English

Author
Serafima Gettys

Translation
Serafima Gettys - Kees van den End

HypLern Interlinear Project
www.hyplern.com

The HypLern Method

Learning a foreign language should not mean leafing through page after page in a bilingual dictionary until one's fingertips begin to hurt. Quite the contrary, through everyday language use, friendly reading, and direct exposure to the language we can get well on our way towards mastery of the vocabulary and grammar needed to read native texts. In this manner, learners can be successful in the foreign language without too much study of grammar paradigms or rules. Indeed, Seneca expresses in his sixth epistle that "Longum iter est per praecepta, breve et efficax per exempla[1]."

The HypLern series constitutes an effort to provide a highly effective tool for experiential foreign language learning. Those who are genuinely interested in utilizing original literary works to learn a foreign language do not have to use conventional graded texts or adapted versions for novice readers. The former only distort the actual essence of literary works, while the latter are highly reduced in vocabulary and relevant content. This collection aims to bring the lively experience of reading stories as directly told by their very authors to foreign language learners.

Most excited adult language learners will at some point seek their teachers' guidance on the process of learning to read in the foreign language rather than seeking out external opinions. However, both teachers and learners lack a general reading technique or strategy. Oftentimes, students undertake the reading task equipped with nothing more than a bilingual dictionary, a grammar book, and lots of courage. These efforts often end in frustration as the student builds mis-constructed nonsensical sentences after many hours spent on an aimless translation drill.

Consequently, we have decided to develop this series of interlinear translations intended to afford a comprehensive edition of unabridged texts. These texts are presented as they were originally written with no changes in word choice or order. As a result, we have a translated piece conveying the true meaning under every word from the original work. Our readers receive then two books in just one volume: the original version and its translation.

The reading task is no longer a laborious exercise of patiently decoding unclear and seemingly complex paragraphs. What's more, reading becomes an enjoyable and meaningful process of cultural, philosophical and linguistic learning. Independent learners can then acquire expressions and vocabulary while understanding pragmatic and socio-cultural dimensions of the target language by reading in it rather than reading about it.

Our proposal, however, does not claim to be a novelty. Interlinear translation is as old as the Spanish tongue, e.g. "glosses of [Saint] Emilianus", interlinear bibles in Old German, and of course James Hamilton's work in the 1800s. About the latter, we remind the readers, that as a revolutionary freethinker he promoted the publication of Greco-Roman classic works and further pieces in diverse languages. His effort, such as ours, sought to lighten the exhausting task of looking words up in large glossaries as an educational practice: "if there is any thing which fills reflecting men with melancholy and regret, it is the waste of mortal time, parental money, and puerile happiness, in the present method of pursuing Latin and Greek[2]".

Additionally, another influential figure in the same line of thought as Hamilton was John Locke. Locke was also the philosopher and translator of the Fabulae AEsopi in an interlinear plan. In 1600, he was already suggesting that interlinear texts, everyday communication, and use of the target language could be the most appropriate ways to achieve language learning:

> ...the true and genuine Way, and that which I would propose, not only as the easiest and best, wherein a Child might, without pains or Chiding, get a Language which others are wont to be whipt for at School six or seven Years together...[3]

---

1   "The journey is long through precepts, but brief and effective through examples". Seneca, Lucius Annaeus. (1961) Ad Lucilium Epistulae Morales, vol. I. London: W. Heinemann.

2   In: Hamilton, James (1829?) History, principles, practice and results of the Hamiltonian system, with answers to the Edinburgh and Westminster reviews; A lecture delivered at Liverpool; and instructions for the use of the books published on the system. Londres: W. Aylott and Co., 8, Pater Noster Row. p. 29.

3   In: Locke, John. (1693) Some thoughts concerning education. Londres: A. and J. Churchill. pp. 196-7.

Who can benefit from this edition?

We identify three kinds of readers, namely, those who take this work as a search tool, those who want to learn a language by reading authentic materials, and those attempting to read writers in their original language. The HypLern collection constitutes a very effective instrument for all of them.

1. For the first target audience, this edition represents a search tool to connect their mother tongue with that of the writer's. Therefore, they have the opportunity to read over an original literary work in an enriching and certain manner.
2. For the second group, reading every word or idiomatic expression in its actual context of use will yield a strong association between the form, the collocation, and the context. This will have a direct impact on long term learning of passive vocabulary, gradually building genuine reading ability in the original language. This book is an ideal companion not only to independent learners but also to those who take lessons with a teacher. At the same time, the continuous feeling of achievement produced during the process of reading original authors both stimulates and empowers the learner to study[1].
3. Finally, the third kind of reader will notice the same benefits as the previous ones. The proximity of a word and its translation in our interlinear texts is a step further from other collections, such as the Loeb Classical Library. Although their works might be considered the most famous in this genre, the presentation of texts on opposite pages hinders the immediate link between words and their semantic equivalence in our native tongue (or one we have a strong mastery of).

---

1 Some further ways of using the present work include:

1. As you progress through the stories, focus less on the lower line (the English translation). Instead, try to read through the upper line, staying in the foreign language as long as possible.
2. Even if you find glosses or explanatory footnotes about the mechanics of the language, you should make your own hypotheses on word formation and syntactical functions in a sentence. Feel confident about inferring your own language rules and test them progressively. You can also take notes concerning those idiomatic expressions or special language usage that calls your attention for later study.
3. As soon as you finish each text, check the reading in the original version (with no interlinear or parallel translation). This will fulfil the main goal of this

collection: bridging the gap between readers and original literary works, training them to read directly and independently.

Why interlinear?

Conventionally speaking, tiresome reading in tricky and exhausting circumstances has been the common definition of learning by texts. This collection offers a friendly reading format where the language is not a stumbling block anymore. Contrastively, our collection presents a language as a vehicle through which readers can attain and understand their authors' written ideas.

While learning to read, most people are urged to use the dictionary and distinguish words from multiple entries. We help readers skip this step by providing the proper translation based on the surrounding context. In so doing, readers have the chance to invest energy and time in understanding the text and learning vocabulary; they read quickly and easily like a skilled horseman cantering through a book.

Thereby we stress the fact that our proposal is not new at all. Others have tried the same before, coming up with evident and substantial outcomes. Certainly, we are not pioneers in designing interlinear texts. Nonetheless, we are nowadays the only, and doubtless, the best, in providing you with interlinear foreign language texts.

Handling instructions

Using this book is very easy. Each text should be read at least three times in order to explore the whole potential of the method. The first phase is devoted to comparing words in the foreign language to those in the mother tongue. This is to say, the upper line is contrasted to the lower line as the following example shows:

"Ну,	Слава	Богу,	что	ты	жив."
Well	Glory	(to) God	that	you	(are) alive

The second phase of reading focuses on capturing the meaning and sense of the original text. As readers gain practice with the method, they should be able to focus on the target language without getting distracted by the translation. New users of the method, however, may find it helpful to cover the translated lines with a piece of paper as illustrated in the image below. Subsequently, they try to understand the meaning of every word, phrase, and entire sentences in the target language itself, drawing on the translation only when necessary. In this phase, the reader should resist the temptation to look at the translation for every word. In doing so, they will find that they are able to understand a good portion of the text by reading directly in the target language, without the crutch of the translation. This is the skill we are looking to train: the ability to read and understand native materials and enjoy them as native speakers do, that being, directly in the original language.

"Ну, Слава Богу, что ты жив."
Well Glory (to)

In the final phase, readers will be able to understand the meaning of the text when reading it without additional help. There may be some less common words and phrases which have not cemented themselves yet in the reader's brain, but the majority of the story should not pose any problems. If desired, the reader can use an SRS or some other memorization method to learning these straggling words.

"Ну, Слава Богу, что ты жив."

Above all, readers will not have to look every word up in a dictionary to read a text in the foreign language. This otherwise wasted time will be spent concentrating on their principal interest. These new readers will tackle authentic texts while learning their vocabulary and expressions to use in further communicative (written or oral) situations. This book is just one work from an overall series with the same purpose. It really helps those who are afraid of having "poor vocabulary" to feel confident about reading directly in the language. To all of them and to all of you, welcome to the amazing experience of living a foreign language!

Additional tools

Check out shop.hyplern.com or contact us at info@hyplern.com for free mp3s (if available) and free empty (untranslated) versions of the eBooks that we have on offer.

For some of the older eBooks and paperbacks we have Windows, iOS and Android apps available that, next to the interlinear format, allow for a pop-up format, where hovering over a word or clicking on it gives you its meaning. The apps also have any mp3s, if available, and integrated vocabulary practice.

Visit the site hyplern.com for the same functionality online. This is where we will be working non-stop to make all our material available in multiple formats, including audio where available, and vocabulary practice.

Table of Contents

Chapter	Page

Муж и жена

Муж и жена
Husband and wife

Муж и жена жили в деревне. У них был
Husband and wife lived in (a) village At them was
[They had]

дом, дети, корова, коза, куры и
(a) house children (a) cow a (goat) hens and

огород. Каждый день муж работал в
(a) vegetable garden Every day (the) husband worked in

поле, а жена была дома. Она убирала
(the) field and (the) wife was at home She cleaned

дом, готовила обед, доила корову, кормила
(the) house cooked lunch milked (the) cow fed

кур и козу, смотрела за детьми,
(the) hens and (the) goat looked after (the) children

стирала. Каждый вечер, когда муж
did laundry Every evening when (the) husband

приходил домой с работы, он говорил
came home from work he said
(used to come) (used to say)

жене:
(to his) wife

"Я целый день работаю, а ты что делаешь? Ты
I all day work and you what do You
[what do you do?]

целый день дома и ничего не делаешь!"
all day (are) at home and nothing not do
[do nothing]

Однажды утром жена сказала мужу:
Once (in the) morning (the) wife said (to her) husband

"Знаешь что, ты сегодня не работай. Ты
(you) know what you today do not work You

будешь дома, а я пойду в поле работать."
will be at home and I will go to (the) field to work

Муж радостно согласился и остался
(The) husband gladly agreed and stayed

дома, а жена пошла на работу в поле.
at home and (the) wife went to work in (the) field

3

Поздно вечером жена проходит домой и
Late in the evening (the) wife came home and

видит: коза ест капусту, куры в
sees (the) goat is eating cabbage (the) hens (are) in

огороде, корова голодная, дети
(the) vegetable garden (the) cow (is) hungry (the) children

плачут, печь холодная и обед не
cry (the) stove (is) cold and lunch is not

приготовлен. А мужа нет дома. Жена
cooked And (the) husband (is) not at home (The) wife

пошла искать мужа. А муж стоит
went to look for (the) husband And (the) husband is standing

около колодца. Он уронил ведро в колодец.
near (the) well He dropped (the) pail into (the) well

Ведро в колодце, а муж не может его
(The) pail (is) in the well and (the) husband no (he) can it
[cannot]

достать.
get

Жена   посмотрела   на   мужа,   вздохнула   и
(The) wife   looked   at   (the) husband   sighed   and

говорит:
    says

"Ну, Слава Богу, что ты жив."
Well   Glory   (to) God   that   you   (are) alive

Приходи завтра

Приходи завтра!
Come   tomorrow

Одному человеку нужны были деньги.   Что
To one   man   needed   were   money   What
[One man needed money]

делать?   Он   решил   пойти   к   чёрту   и
to do   He   decided   to go   to   (the) devil   and

попросить   у   него   денег. Человек приходит   к
ask   from him   money   The man   comes   to

чёрту   и   говорит:
(the) devil and   says

"Здравствуй, чёрт! Дай мне деньги!"
Hello   devil   Give   me   money

"А   сколько   денег   тебе   надо?"   спрашивает
And   how much   money   to you (is) necessary   asks
[do you need]

чёрт.
the devil

"Тысячу рублей!"
Thousand   rubles

"Так много? Когда ты вернёшь деньги?"
So   much   When you will return (the) money

"Завтра."
Tomorrow

"Хорошо," говорит   чёрт   и   дал ему   тысячу
Good   says   (the) devil and gave him (a) thousand

рублей.
  rubles

На другой день   чёрт   пришёл к человеку. А
On (the) next day (the) devil came to (the) man But

человек ему   говорит:
(the) man (to) him   says

"Приходи завтра. У меня сегодня нет денег."
Come   tomorrow At me   today   no   money
                          [I don't have money today]

На   третий   день   чёрт   пришёл   опять.   А
On   (the) third   day   (the) devil   came   again   And

человек   ему   опять   говорит:
(the) man   (to) him   again   says

"Приходи   завтра.   У   меня   сегодня   нет   денег."
Come   tomorrow   At   me   today   no   money
[I don't have money today]

Так   чёрт   приходил   несколько   дней.
In this way   (the) devil   came   several   days

Однажды   человек   говорит   чёрту:
Once   (the) man   says   (to the) devil

"Зачем   ты   приходишь   сюда   каждый   день?   Я
What for   you   come   here   every   day   I

повешу   на   воротах   доску   и   напишу,   когда   ты
will hang   on   (the) gates   (the) board   and   will write   when   you
(a sign)

можешь   придти,   чтобы   получить   деньги."
can   come   in order   to receive   (the) money

"Ладно,"   ответил   чёрт   и   ушёл.   А   человек
Ok   answered   (the) devil   and   left   And   (the) man

написал   на   доске: "Приходи   завтра"   и
wrote   on   (the) board   Come   tomorrow   and

повесил   доску   на ворота.
hung   (the) board   on   (the) gate

Чёрт   пришёл один раз, пришёл   второй   раз,
(The) devil   came   one   time   came   (the) second   time

пришёл   третий   раз. На   четвёртый   день   чёрт
came   (the) third   time   On   (the) fourth   day   (the) devil

решил   не идти к человеку   и   не   пошёл.
decided   not to go to (the) man   and did not   go

На   пятый   день   чёрт   пришёл к человеку   и
On (the) fifth   day (the) devil   came   to (the) man   and

видит   доску: "Приходи вчера".
sees   (the) board   Come   yesterday

"Ах,   как мне не повезло!"   сказал   чёрт.   "И
Ah   how (to) me not   lucky   said   (the) devil   And
              [I am so unlucky]

почему я не пришёл вчера?!"
why   I not   came   yesterday

9

Упрямая жена

Упрямая   жена
(The) Stubborn   wife

Жили-были   муж   и   жена.   Жена
Once upon a time there were   (a) husband   and   (a) wife   (The) wife

была очень упрямая женщина. Когда   муж
was   (a) very   stubborn   woman   When   (her) husband

просил её о   чём-нибудь, она всегда   всё
asked   her about   something   she   always   everything

делала наоборот.
did   (the) opposite

Однажды   муж   и   жена   шли   по
Once   (the) husband and (the) wife were walking along

дороге и увидели обрыв.   Муж   говорит
(the) road and   saw   (a) cliff (The) husband   says

11

жене:
(to the) wife

"Видишь обрыв? Иди осторожнее,
Do you see (the) cliff Go carefully

а то упадешь."
and then (you) will fall
[otherwise you will fall]

Жена не хотела слушаться мужа и
(The) wife did not want to listen to (the) husband and

подошла к краю обрыва. Вдруг земля под
came up to (the) edge (of the) cliff Suddenly (the) earth under

ёе ногами осыпалась и жена упала в
her feet subsided and (the) wife fell into

пропасть. Муж постоял рядом с
(the) chasm (The) husband stood for a while near by

пропастью, поплакал и пошёл домой.
(the) chasm wept for a while and went home

На другой день муж был дома. Вдруг в
On (the) next day (the) husband was at home Suddenly at

полночь кто-то постучал в дверь. Муж
midnight somebody knocked at (the) door (The) husband

открыл дверь и видит перед ним стоит
opened (the) door and sees in front (of) him is standing

чёрт с рогами и с хвостом. Чёрт
(the) devil with horns and with (a) tail (The) devil

спрашивает:
asks

"Это твоя жена вчера упала в пропасть?"
This your wife yesterday (who) fell into (the) chasm
(Is that)

"Да, моя. А что?"
Yes mine And what
[so what?]

"Мы её нашли. Забери её, пожалуйста.
We her found Take back her please

Мы не можем с ней жить!"
We not can with her live
[We cannot live with her]

Муж обрадовался, что его жена жива, но
(The) husband rejoiced that his wife (was) alive but

13

сказал:
  said

"Нет, нет. Я с ней десять лет жил, десять
No   no   I with her   ten   years (have) lived ten

лет мучился. Я хочу отдохнуть.
years   was suffering   I   want   to rest

Она мне не нужна. Теперь ваша очередь."
She to me not (is) needed   Now   your   turn
    [I don't need her]

Чёрт начал просить:
(The) devil began   to ask

"Пожалуйста, забери её.
  Please   take back   her

Мы не можем с ней жить! Если ты заберёшь
We not   can   with her   live   If   you will take back
    [we cannot live with her]

её, мы дадим тебе мешок золота."
her we will give you (a) sack (of) gold

"А ты не обманешь?"
But you not   will deceive

"Нет, нет, не беспокойся, я не обману
No   no   do not   worry   I   will not   deceive

тебя!" сказал чёрт и исчез.
you   said   (the) devil and disappeared

Муж   вышел   на   крыльцо   и   видит,
(The) husband   came out   to   (the) porch   and   sees

идёт   его жена к   дому   и   улыбается.
(there) walks his   wife   to (the) house and   smiles
                                            (she is smiling)

А   утром   муж   нашёл мешок золота
And   (in the) morning (the) husband   found   (a) sack   (of) gold

за   дверью! Чёрт   не   обманул его.
behind (the) door (The) devil did not   deceive   him

Каша из топора

Каша   из   топора
Cereal from (an) axe

Однажды   солдат   шёл   через   деревню. Он
Once   (a) soldier walked   through   (a) village   He
             (was walking)

был очень голоден.   Тут   он увидел   дом.
was   very   hungry   Here   he   saw   (a) house
         (At this moment)

Солдат   постучал   в   дверь.   Хозяйка
(The) soldier   knocked   at   (the) door   (The) mistress

дома   открыла   ему   дверь.   Солдат
(of the) house   opened   (to) him   (the) door   (The) soldier

поздоровался и говорит:
greeted (her)   and   says

"Хозяйка, дай мне чего-нибудь поесть! Я очень
Mistress   give   me   something   to eat   I   very

голоден."
(am) hungry

А   хозяйка   была   очень   жадная.
But   (the) mistress   was   very   thrifty

У неё много было еды дома, но она сказала:
At   her   a lot of   was   food   at home   but   she   said
    [She had a lot of food]

"У меня нет еды!   У меня ничего нет!
At   me   no   food   At   me   nothing   no
   [I do not have food]   [I do not have anything]

Я сама ничего   не   ела сегодня.   Я   сама
I   myself   nothing   did not   eat   today   I   myself
   [I myself have not eaten anything today]

голодная."
(am) hungry

"Сделай кашу!"
   Make   (hot) cereal

"Кашу? У меня нет крупы для каши."
  Cereal   At   me   no   grains   for   cereal
       [I don't have grains]

Солдат   говорит:
(The) soldier   says

"А   топор   у тебя в доме   есть?"
And (an) axe   at   you   in (the) house   is
       [do you have an axe in the house]

"Да, у меня есть топор."
Yes at   me   is   (an) axe
       [I have an axe]

"Это   хорошо,   что   у тебя есть топор.   Дай   мне
It (is)   good   that at   you   is   (an) axe   Give   me
                                   [you have an axe]

топор! Я сварю   кашу   из   топора."
(the) axe   I will cook cereal from   (the) axe

"Каша   из   топора?"   думает   хозяйка.   "Какое
Cereal   from   (the) axe   thinks   (the) mistress   What

чудо!   Интересно, как   он   будет   варить   кашу
(a) miracle   Interesting   how   he   will   cook   cereal
                  [I wonder how]

из   топора?"
from   (the) axe

И   она   дала   топор   солдату.   Солдат   взял
And   she   gave   (the) axe (to the) soldier   (The) soldier   took

топор. Потом   он   налил   воду   в   кастрюлю,
(the) axe   Then   he   poured   water   into   (a) pan

положил туда топор и начал его варить. Через
put there (the) axe and began it to cook After

некоторое время солдат попробовал воду
some time (the) soldier tasted (the) water

и говорит:
and says

"Хорошая каша! Но надо добавить немного
Good cereal But it is necessary to add a little

крупы. Принеси крупу!"
grains Bring grains

Хозяйка принесла крупу. Солдат положил
(The) mistress brought (the) grains (The) soldier put

крупу в кастрюлю. Потом он опять
(the) grains into (the) pan Then he again

попробовал и говорит:
tasted (it) and says

"Хорошая каша! Но надо добавить немного
Good cereal But (it is) necessary to add a little

19

соли   и   масла. Принеси соль   и   масло!"
salt   and   butter   Bring   salt   and   butter

Хозяйка   принесла   соль   и   масло.   Солдат
(The) mistress   brought   salt   and   butter   (The) soldier

положил   масло   и   соль   в   кастрюлю.
put   (the) butter   and   (the) salt   into   (the) pan

Потом опять попробовал и говорит:
Then   again   tasted (it)   and   says

"Каша   готова! Теперь, хозяйка, принеси хлеб
(The) cereal   is ready   Now   mistress   bring   bread

и ложку! Мы будем есть кашу!"
and   a spoon   We   will   eat   (the) cereal

Они сели за   стол   и   начали есть   кашу.
They   sat   at   (the) table   and   started   to eat   (the) cereal

Каша   была очень вкусная. Хозяйка   говорит:
(The) cereal   was   very   tasty   (The) mistress   says

"Я никогда не думала,   что   можно   сварить
I   never   not   thought   that   (it is) possible   to cook
[I never thought]

такую вкусную кашу из топора!"
such   tasty   cereal from   (an) axe

А   солдат   ничего   не   говорит: он только   ест
But (the) soldier nothing not   says   he   only   is eating

кашу   и   улыбается.
(the) cereal and   smiles
                    (is smiling)

Журавль и цапля

Журавль   и   цапля
(A) crane   and   (a) heron

Журавль   и   цапля   жили   на   болоте.   Болото
(A) crane   and   (a) heron   lived   on   (a) swamp   (The) swamp
                                                 (in)

было   очень   большое   и   журавль   и   цапля
was   very   big   and   (the) crane   and   (the) heron

жили   далеко   друг   от   друга.   Журавль   жил   один
lived   far   each   from   other   (The) crane   lived   alone
                           [from each other]

и   цапля   жила   одна.
and   (the) heron   lived   alone

Журавлю   было   скучно   жить   одному.   Он
(To the) crane   was   boring   to live   alone   He

подумал: "Мне   надо   жениться   на   цапле.
thought   (For) me   (it is) necessary   to marry   on   (the) heron
                        [I need to marry the heron]

Цапля   похожа   на   меня.   У неё длинный нос
(The) heron   looks   like   me   At   her   long   nose
                                        [She has long nose]

и   длинные ноги, и   у меня тоже длинный нос
and   long   legs and at   me   also   long   nose
                                  [I also have a long nose]

и   длинные ноги".
and   long   legs

Рано   утром   журавль пошел к   цапле.   Он
Early   in the morning (the) crane   went   to (the) heron   He

шел   очень долго, семь вёрст, через   болото.
walked   very   long   seven   miles   through (the) swamp

Наконец журавль пришёл к   цапле   и   говорит:
Finally   (the) crane   came   to (the) heron and   says

"Цапля,   ты   дома?"
Heron   (are) you   at home

"Да,   я   дома," отвечает цапля.
Yes   I (am) at home   replies   (the) heron

Журавль говорит:
(The) crane   says

"Цапля, выходи за меня замуж. Давай жить
Heron   go out   behind   me   married   Let's   live
[marry me]

вместе. Мне скучно жить одному. А ты
together   (To) me   boring   to live   alone   And   you

похожа на меня."
look   like   me

"Нет,   журавль,"   отвечает   цапля.
No   crane   answers   (the) heron

"Я не хочу выходить за тебя замуж.
I   not want   to go out   behind   you   married
[I don't want to marry you]

У тебя очень длинные ноги, очень длинный нос
At   you   very   long   legs   (a) very   long   nose
[You have very long legs]

и ты бедный."
and   you   (are) poor

Журавль обиделся и пошёл домой. Он ушёл,
(The) crane   got offended   and   went   home   He   left

а цапля начала думать: "Скучно жить одной.
and   (the) heron   began   to think   Boring   to live   alone

Мне надо было выйти замуж за   журавля".
(For) me necessary was   to go out married behind (the) crane
[I should have married the crane]

И цапля пошла к журавлю. Она шла очень
And (the) heron went to (the) crane She walked very

долго, семь вёрст, через болото. Наконец
long seven miles through (the) swamp Finally

цапля пришла к журавлю и говорит:
(the) heron came to (the) crane and says

"Журавль, ты дома?"
Crane (are) you at home

"Да, я дома," отвечает журавль.
Yes I (am) at home answers (the) crane

Цапля говорит:
(The) heron says

"Журавль, я передумала. Мне тоже скучно
Crane I changed (my) mind (To) me (it's) also boring

жить одной. Я согласна.
to live alone I agree

Я выйду   за   тебя замуж!"
I will come out behind you   married
[I will marry you]

А   журавль говорит:
And (the) crane   says

"Нет,   цапля.   Я не хочу на тебе жениться.   Я
No   heron   I not want on you   marry   I
                [I don't want to marry you]

передумал."
changed (my) mind

Цапля   обиделась, заплакала   и пошла домой.
(The) heron   got offended   broke into tears and   went   home

Она ушла, а   журавль думает: "Плохо, что я не
She   left   but (the) crane is thinking (It's) Bad that I not

женился   на   цапле.   Скучно   жить   одному.   Я
married   on   (the) heron   (It's) Boring to live   alone   I

пойду к   цапле   и   скажу, что я   передумал
will go to (the) heron and will say that I changed (my) mind

и хочу   жениться на ней".
and (I) want   to marry   on   her
        [I want to marry her]

И он опять пошёл к цапле. Он пришёл к
And he again went to (the) heron He came to

цапле и говорит:
(the) heron and says

"Здравствуй, цапля. Я передумал. Я решил
Hello heron I changed (my) mind I decided

жениться на тебе. Выходи за меня замуж."
to marry on you Go out behind me married
[to marry you] [marry me]

Цапля говорит:
(The) heron says

"Нет, журавль, я не хочу
No crane I not want

выходить замуж за тебя."
to go out married behind you
[to marry you]

Журавль ушёл, а цапля опять думает: "Ах,
(The) crane left but (the) heron again is thinking Ah

почему я не вышла замуж за журавля. Так
why I not got out married behind (the) crane So
[why did not I marry the crane?]

скучно   жить одной".
(it is) boring to live   alone

И   она   пошла   к   журавлю.   А   журавль
And   she   went   to   (the) crane   But   (the) crane

не хочет   на   ней   жениться. Он   передумал.
not wants   on   her   to marry   He   changed (his) mind
     [does not want to marry her]

Так они   ходят   к   другу другу. Они   до   сих
So   they   go   to   each   other   They   up (to)   these

пор не женаты.
times not   married

Волшебная вода

Волшебная вода
Magic   water

Жили   были   муж   и жена. Когда они
Once upon a time   were   (a) husband   and   (a) wife   When   they

были молодые, они жили очень хорошо, дружно
were   young   they   lived   very   well   amicably

и   никогда не ссорились.   Но   когда   они
and   never   not   quarreled   But   when   they
                    [never quarreled]

постарели, они начали ссориться и теперь
aged   they   began   to quarrel   and   now

ссорились каждый день. Старик говорит
quarreled   every   day   (The) old man   says

старухе   одно слово, а она ему - два
(to the) old woman   one   word   and   she   (to) him   two

слова, он ей - два слова, а она ему -
words he (to) her two words and she (to) him

пять слов, он ей - пять слов, а она ему -
five words he (to) her five words and she (to) him

десять слов. А кто виноват, они не знают.
ten words But who faulty they not know
[whose fault it is]

"Это ты виновата, старуха," говорит старик.
It (is) you faulty old woman says (the) old man
[your fault]

"Нет, это ты, старик, виноват. Ты начал ссору."
No it (is) you old man faulty You started (the) quarrel
[your fault, old man]

"Я? Я не виноват. Это ты виновата.
I I not faulty It (is) you faulty
[it's not my fault] [It's your fault]

У тебя длинный язык."
At you long tongue
[You have a long tongue]

"Не я, а ты!"
Not I but you
[not mine, yours]

"Ты, а не я!"
You but not I
[It's yours, but not mine]

И   они   опять   начинают   ссориться.
And they again   begin   to quarrel

Старуха   думает: "Что делать?   Как   мне
(The) old woman is thinking What to do   How   (for) me
                           [What should I do?]

жить   со   стариком?   Почему   мы   всё   время
to live with (the) old man Why   we   all   (the) time

ссоримся?" И   она   решила попросить   соседку
quarrel   And she   decided to ask   (her) neighbor

помочь   ей.   Старуха   пошла   к   соседке   и
to help   her (The) old woman went   to   (the) neighbor and

рассказала ей,   что   они   всё   время   ссорятся   со
told   her   that they all   the time quarrel   with

стариком.   Соседка   говорит старухе:
(the) old man (The) neighbor   says   (to the) old woman

"Я   могу   тебе   помочь.
I   can   you   help

У меня есть волшебная вода.   Когда   старик
At me   is   magic   water   When   (the) old man
          [I have magic water]

начнёт кричать, ты возьми немного воды в
will begin to shout you take a little (of) water into

рот. Но не глотай её, а держи во
(your) mouth But not swallow it but hold in

рту, пока старик не перестанет кричать.
(your) mouth until (the) old man not stops to shout
[until the old man stops to shout]

И всё будет хорошо."
And everything will be well

И соседка дала старухе воду в
And (the) neighbor gave (to the) old woman water in

бутылке. Старуха взяла бутылку с водой,
(a) bottle (The) old woman took (the) bottle with (the) water

поблагодарила соседку и пошла домой.
thanked (the) neighbor and went home

Когда она вошла в дом, старик был дома
When she entered in (the) house (the) old man was at home
[entered the house]

и сразу начал кричать:
and right away started to shout

"Где ты была, старуха? Куда ты ходила? Что
Where you were old woman Where to you went What
[Where did you go?]

ты делала? Пора обедать, а тебя нет!"
you did It's time to have lunch and you not
[and you are not here]

Старуха сначала хотела ему ответить, но
(The) old woman first wanted him to answer but

вспомнила про совет соседки. Она взяла
recalled about (the) advice (of the) neighbor She took

в рот воды из бутылки, но не
into (her) mouth water from (the) bottle but not

проглотила ее, а стала держать её во рту.
swallowed it but started to hold it in (her) mouth

Старик видит, что старуха не отвечает
(The) old man sees that (the) old woman not answers

ему, и перестал кричать.
him and stopped to shout

Старуха обрадовалась и думает: "Да,
(The) old woman rejoiced and thinks Yes

вода   действительно   волшебная".   И   она
(the) water   (is) indeed   magic   And   she

пошла готовить обед.
went   to cook   lunch

"Что ты там так долго делаешь?" опять закричал
What you there so   long   are doing   again   shouted

старик. "Где обед? Я голоден."
(the) old man Where (is) lunch I (am) hungry

Старуха   хотела   ему   ответить,   но   опять
(The) old woman   wanted   him   to answer   but   again

вспомнила   совет   соседки   и   взяла   в
recalled   (the) advice   (of the) neighbor   and   took   in

рот   воду.
(her) mouth   water

Старик   видит,   что   старуха   молчит
(The) old man   sees   that   (the) old woman   is silent

и ничего ему не отвечает.   Он   удивился,
and nothing him not answers   He   got surprised
[and does not answer him anything]

перестал кричать и... замолчал.
stopped to shout and became quiet

И с тех пор они опять начали жить мирно
And since those times they again began to live peacefully

и не ссорились, потому что, как только
and not quarreled because -what- as only
[as soon as]

старик начинает кричать, старуха берёт
(the) old man begins to shout (the) old woman takes

в рот воду и держит её там, пока
into (her) mouth water and holds it there while

старик не перестаёт кричать.
(the) old man not stops to shout

Липунюшка

Липунюшка
Lipunyushka

Жили старик и старуха. Они жили
(There) Lived (an) old man and (an) old woman They lived

очень хорошо, но у них не было детей.
very well but at them no were children
[they did not have children]

Однажды старик уехал утром в поле
Once (the) old man left in the morning for (the) field

пахать, а жена осталась дома и начала
to plow and (the) wife stayed at home and began

печь блины. Она напекла много блинов и
to bake pancakes She baked many pancakes and

говорит:
says

"Как   плохо,   что   у нас нет детей.   Если   бы   у
How   bad   that   at us no children   If   would at
                            [we don't have children]   [If we had a son]

нас   был сын,   он   бы   отнёс   отцу
us   was (a) son   he   would   take   (to the) father
        [If we had a son]

блины."
(the) pancakes

Вдруг   кто-то   говорит   за   её   спиной:
Suddenly somebody   says   behind her   back

"Мама,   я   здесь."
 Mom   I (am)   here

Старуха   оглянулась - и   видит   маленького
(The) old woman   looked around   and   sees   (a) little

мальчика. Она говорит:
   boy   She   says

"Откуда   ты,   мальчик,   и   как тебя звать?"
Where from (are) you   boy   and how you   to call

А   маленький   мальчик   говорит:
And   (the) little   boy   says

"Я, мама, твой сын и меня зовут
I mom (am) your son and me (they) call

Липунюшка. Дай мне блины. Я отнесу их
Lipunyushka Give me (the) pancakes I will take them

отцу в поле."
(to the) father in (the) field

Старуха обрадовалась, но говорит:
(The) old woman rejoiced but says

"Ты не сможешь отнести. Ты очень маленький,
You not will be able to take You (are) very little
[You won't be able to take them]

а блины тяжёлые."
and (the) pancakes (are) heavy

А маленький мальчик говорит:
But (the) little boy says

"Не беспокойся, мама, я маленький, но сильный."
No worry mom I (am) little but strong

Мама положила блины в корзину и
(The) mother put (the) pancakes into (a) basket and

дала её сыну. Липунюшка взял корзину и
gave it (to her) son Lipunyushka took (the) basket and

побежал к отцу, в поле. Он прибежал на
ran to (the) father to (the) field He came running to

поле и кричит:
(the) field and is shouting

"Отец, я тебе блины принёс."
Father I (to) you pancakes (have) brought

Старик увидел маленького мальчика, очень
(The) old man saw (the) little boy very much

удивился и говорит:
got surprised and says

"Откуда ты, мальчик, и как тебя звать?"
Where from (are) you boy and how you to call

"Я, отец, твой сын и меня зовут
I father (am) your son and me (they) call

Липунюшка. Я буду помогать тебе пахать."
Lipunyushka I will help you to plow

Старик   обрадовался, но говорит:
(The) old man   rejoiced   but   says

"Ты не сможешь пахать. Ты очень маленький."
You not will be able to plow You (are) very   little

А   маленький мальчик говорит:
But   (the) little   boy   says

"Не беспокойся, отец, я маленький, но сильный.
No   worry   father I (am) little   but   strong

И   он сел на лошадь и начал пахать и
And he sat on (the) horse and began to plow and

песни петь."
songs   to sing

В это время мимо поля   ехал   барин. Он
At this time   past the field was driving (the) landlord He

увидел, что старик сидит под деревом и
saw   that (the) old man is sitting under (the) tree and

обедает, а лошадь одна пашет. Барин
is having lunch and (the) horse alone is plowing (The) landlord

вышел   из   коляски,   подошёл   к   старику   и
came out   of   (the) carriage   came up   to   (the) old man   and

говорит:
says

"Старик, как это твоя лошадь одна пашет?"
Old man   how   (is) it   your   horse   alone   is plowing

А   старик   отвечает:
And   (the) old man   answers

"Это мой сын сидит на лошади и пашет."
It (is)   my   son   sits   on   (the) horse   and   plows
     (sitting)   (is plowing)

Барин   подошёл   к   лошади   поближе   и
(The) landlord   came up   to   (the) horse   closer   and

увидел   Липунюшку.   Барин   удивился   и
saw   Lipunyushka   (The) landlord   got surprised   and

говорит старику:
says   (to the) old man

"Продай мне лошадь и твоего сына."
Sell   me   (the) horse   and   your   son

"Нет, не продам. У меня только один сын."
No not will sell At me only one son
[I will not sell them][I have only one son]

"Продай, я тебе дам сто рублей."
Sell I (to) you will give hundred rubles

А Липунюшка шепчет отцу:
And Lipunyushka is whispering (to his) father

"Продай меня, отец, я от него убегу."
Sell me father I from him will run

Старик согласился и продал мальчика за
(The) old man agreed and sold (the) boy for

сто рублей. Барин отдал старику
hundred rubles (The) Landlord gave (to the) old man

деньги, взял мальчика, завернул его в
money took (the) boy wrapped him into

платок и положил в карман.
(a) handkerchief and put into (the) pocket

Барин приехал домой и говорит жене:
(The) landlord arrived home and says (to his) wife

"Я привёз тебе подарок!"
I (have) brought you (a) present

Жена говорит:
(The) Wife says

"Какой подарок? Покажи!"
What present Show

Барин достал платок и кармана, а
(The) landlord took out (the) handkerchief from (the) pocket but

в платке ничего нет. Липунюшка уже
in (the) handkerchief nothing no Lipunyushka already

давно убежал и вернулся домой, к отцу и
long ago ran away and returned home to (his) father and

матери. Они были очень рады и стали его
mother They were very glad and began him

целовать и обнимать.
to kiss and hug

Давай меняться

Давай меняться!
Let's   swap

Жили-были   **старик   и   старуха.**
Lived-were   (an) old man   and   (an) old woman
(Once upon a time there were)

У них была лошадь. **Но у них не было телеги.**
At them was   a horse   But at them no   was   (a) cart
  [They had a horse]   [they did not have a cart]

Однажды лошадь родила жеребёнка.   Старуха
Once   (the) horse gave birth   (to a) colt   (The) old woman

говорит старику:
says   (to the) old man

"Старик, иди на базар. Продай там лошадь
Old man   go   to (the) market   Sell   there (the) horse

и купи телегу. Когда жеребёнок вырастет, у
and   buy   (a) cart   When   (the) colt   will grow up   at

нас будет лошадь и телега."
us will be (a) horse and (a) cart

Старик согласился и повёл лошадь на
(The) old man agreed and led (the) horse to

базар. Он идёт по дороге и видит, что
(the) market He is walking along (the) road and sees that

идёт человек и ведёт корову. Человек
(there) goes (a) man and (is) leading (a) cow (The) man

спрашивает старика:
asks (the) old man

"Куда ты идёшь?"
Where to you are going

"Я иду на базар. Я хочу продать лошадь
I am going to (the) market I want to sell (the) horse

и купить телегу."
and buy (a) cart

"Давай меняться! Я тебе дам корову, а ты
Let's swap I (to) you will give (the) cow and you

мне   дашь лошадь."
(to) me will give (the) horse

Старик   согласился. Он дал человеку лошадь,
(The) old man   agreed   He gave (the) man (the) horse

   а человек дал ему корову.
and (the) man gave him (the) cow

Идёт   старик   по дороге, ведёт корову на
Is walking (the) old man along (the) road is leading (the) cow to

   базар   и видит идёт человек и ведёт
(the) market and sees (there) goes (a) man and is leading

овцу.
(a) sheep

Человек спрашивает старика:
(The) man   asks   (the) old man

"Куда   ты идёшь?"
Where to you are going

"Я   иду   на базар."
 I am going to (the) market

"Давай меняться! Я тебе дам овцу, а ты
Let's   swap   I (to) you will give (the) sheep and you

мне дашь корову."
(to) me will give (the) cow

Старик   согласился. Он дал человеку корову,
(The) old man   agreed   He gave (the) man (the) cow

а человек дал ему овцу.
and (the) man gave him (the) sheep

Идёт   старик дальше и видит, что идёт
Is walking (the) old man further and sees that is walking

человек и ведёт свинью.
(a) man and is leading (a) pig

Человек спрашивает старика:
(The) man   asks   (the) old man

"Куда   ты идёшь?"
Where to you are going

"Я иду на базар."
I am going to (the) market

"Давай меняться! Я тебе дам свинью, а ты
Let's swap I (to) you will give (the) pig and you

мне дашь овцу."
(to) me will give (the) sheep

Старик согласился. Он дал человеку овцу,
(The) Old man agreed He gave (the) man (the) sheep

а человек дал ему свинью.
and (the) man gave him (the) pig

Идёт старик дальше и видит идёт
Is walking (the) old man further and sees (there) goes

человек и несёт петуха.
a man and is carrying (a) rooster

Человек спрашивает старика:
(The) Man asks (the) old man

"Куда ты идёшь?"
Where to you are going

"Я иду на базар."
I am going to (the) market

49

"Продай мне петуха! Я тебе заплачу."
Sell me (the) rooster I you will pay

Старик согласился. Он дал человеку петуха,
(The) Old man agreed He gave (the) man (the) rooster

а человек дал ему деньги.
and (the) man gave him money

Идёт старик дальше и видит идёт
Is walking (the) old man further and sees is walking

человек. Человек говорит старику:
(a) man (The) man says (to the) old man

"Старик, хочешь я тебе кошелёк продам?"
Old man (you) want I (to) you (a) wallet will sell

Старик посмотрел на кошелёк, очень
(The) old man looked at (the) wallet (a) very

красивый кошелёк. Он отдал человеку деньги
beautiful wallet He gave (the) man (the) money

и взял кошелёк.
and took (the) wallet

Идёт старик дальше и дошёл до реки,
Is walking (the) old man further and reached (the) river

которую ему надо было перейти. На реке
which (to) him necessary was to cross On (the) river
[he needed to cross]

работал перевозчик. Перевозчик перевозил
worked (a) transporter (The) Transporter transported

людей на другой берег на лодке.
people on another shore on (a) boat

У старика не было денег и он предложил
At (the) old man no were money and he offered
[The old man did not have money]

перевозчику кошелёк. В это время у реки
(to the) transporter (the) wallet At this time at (the) river

стояли люди. Они спрашивают старика:
were standing people They ask (the) old man

"Почему у тебя есть
Why at you is
[you have a wallet, but have no money]

кошелёк, а денег нет?"
(a) wallet but money no
[you have a wallet, but have no money]

Старик   рассказал им, как он обменял лошадь
(The) old man   told   them how he exchanged (the) horse

на   корову, корову на   овцу,   овцу   на
for   (the) cow (the) cow for (the) sheep (the) sheep for

свинью, свинью на петуха, как он продал
(the) pig (the) pig for (the) rooster how he sold

петуха   и   как   обменял   деньги   на
(the) rooster and how (he) exchanged (the) money for

кошелёк.   Люди   начали   смеяться   над
(the) wallet (The) people   began   to laugh   at

стариком и говорят:
(the) old man and (they) say

"Как ты теперь вернёшься домой? Твоя старуха
How you now   return   home Your old woman

тебя выгонит из дома!"
you out-chase out (of the) house
[will throw you]

А   старик   отвечает:
But (the) old man   answers

"Моя старуха меня не выгонит из дома. Она
My old woman me not will throw out of the house She

скажет: 'Хорошо, что ты сам остался жив'."
will say Good that you (your)self stayed alive

Люди удивились и
(The) People got surprised and

решили проверить, правду ли говорит старик.
decided to check (the) truth if is tealling (the) old man
[decided to check if the old man was telling the truth]

Они решили пойти к старухе. Они пришли
They decided to go to (the) old woman They came

к старухе и говорят:
to (the) old woman and (they) say

"Мы принесли тебе кошелёк. Это тебе подарок
We have brought you (the) wallet It (for) you (a) present

от твоего мужа."
from your husband

"А где он сам?"
And where he (him)self

"Он   стоит   на   берегу   реки."
He   is standing   on   (the) shore   (of the) river

"А   лошадь   с   ним?"
And   (the) horse   with   him

"Нет, он обменял лошадь на корову."
No   he   exchanged (the) horse for   (the) cow

"Это хорошо. Теперь у нас будет молоко."
It   (is) good   Now   at   us   will be   milk
                        [we will have milk]

"Но у него сейчас нет коровы."
But   at   him   now   no   (the) cow
      [he does not have the cow now]

"А   где   корова?"
And where   (is the) cow

"Он обменял корову на овцу."
He   exchanged (the) cow   for   (the) sheep

"Он обменял корову на   овцу?   Это   хорошо.
He   exchanged (the) cow   for   (the) sheep   It   (is) good

Теперь у нас будет шерсть."
Now   at   us   will be   wool
                [We will have wool]

"Но у него сейчас нет овцы."
But at him now no (the) sheep
[he does not have the sheep now]

"А где овца?"
And where (is the) sheep

"Он обменял овцу на свинью."
He exchanged (the) sheep for (the) pig

"Это хорошо. Теперь у нас будет мясо."
It (is) good Now at us will be meat
[we will have meat]

"Но у него сейчас нет свиньи."
But at him now no (the) pig

"А где свинья?"
And where (is the) pig

"Он обменял свинью на петуха."
He exchanged (the) pig for (the) rooster

"А где петух?"
And where (is the) rooster

"Он его продал."
He it sold

"А   где   деньги?"
And   where   (the) money

"Он заплатил   деньги   за   этот   кошелёк."
He   paid   (the) money for   this   wallet

Старуха   слушала,   а   потом   говорит:
(The) old woman was listening and   then   says

"Хорошо, что он   сам   остался жив."
  Good   that he (him)self   stayed   alive

Три медведя

Три медведя
Three bears

Одна девочка пошла в лес. В лесу она
One girl went to (a) wood In (the) wood she

заблудилась. Девочка начала искать дорогу
got lost (The) girl began to look for (the) way

домой, но не могла найти её. Вдруг она
home but not was able to find it Suddenly she

увидела маленький дом. Дверь в дом была
saw (a) small house (The) Door to (the) house was

открыта. Девочка вошла в дом и видит: в
opened (The) Girl entered -in- (the) house and sees in

доме нет никого. А в этом доме жили три
(the) house no nobody And in this house lived three
[there is nobody]

медведя. Один медведь был отец, Михаил
bears   One   bear   was   (a) father   Mikhail

Иванович. Он был очень большой и страшный.
Ivanovitch   He   was   very   big   and   scary

Другой была медведица, жена Михаила
(The) Other   was   (a) she-bear   (the) wife   (of) Mikhail

Ивановича. Её звали Настасья Петровна. Она
Ivanovitch   Her   (they) called   Nastasia   Petrovna   She

была поменьше. Третий был маленький
was   smaller   (The) Third   was   (a) little

медвежонок, их сын. Его звали Мишутка.
bear cub   their   son   Him   (they) called   Mishutka

Когда девочка вошла в дом, медведей
When   (the) girl   entered   -in-   (the) house   (the) bears

не было дома, они были в лесу.
not   were   at home   they   were   in   (the) wood
[were not at home]

В доме было две комнаты: одна комната
In   (the) house   were   two   rooms   one   room

была (was) **столовая,** ((a) dining room) **а** (and) **другая** ((the) other) **комната** (room) **была** (was)

спальня. ((a) bedroom) **Девочка** ((The) girl) **вошла** (entered) **в** (-into-) **столовую.** ((the) dining room) **В** (In)

столовой ((the) dining room) **был** (was) **стол.** ((a) table) **На** (On) **столе** ((the) table) **девочка** ((the) girl)

увидела (saw) **три** (three) **тарелки.** (plates) **В** (In) **тарелках** ((the) plates) **была** (was) **каша.** (cereal)

Первая ((The) first) **тарелка** (plate) **была** (was) **очень** (very) **большая.** (big) **Это** (It) **была** (was)

тарелка ((the) plate) **Михаила** ((of) Mikhail) **Ивановича.** (Ivanovitch) **Вторая** ((The) second) **тарелка** (plate)

была (was) **поменьше.** (smaller) **Это** (It) **была** (was) **тарелка** ((the) plate) **Настасьи** ((of) Nastasia)

Петровны. (Petrovna) **А** (And) **третья** ((the) third) **тарелка** (plate) **была** (was)

самая ((the) most) **маленькая.** (small) **Это** (It) **была** (was) **тарелка** ((the) plate) **Мишутки.** ((of) Mishutka)
[the smallest]

Около каждой тарелки лежала ложка. Около
Near each plate was lying (a) spoon Near

тарелки Михаила Ивановича лежала
(the) plate (of) Mikhail Ivanovitch was lying

самая большая ложка. Около тарелки Настасьи
(the) most big spoon Near (the) plate (of) Nastasia
[the biggest]

Петровны тоже лежала ложка, но поменьше. А
Petrovna also was lying (a) spoon but smaller And

около тарелки Мишутки лежала
near (the) plate (of) Mishutka was lying

самая маленькая ложка.
(the) most small spoon
[the smallest]

Девочка сначала взяла самую большую ложку
(The) Girl first took (the) most big sppon
[the biggest]

и попробовала кашу из тарелки Михаила
and tasted (the) cereal from (the) plate (of) Mikhail

Ивановича. Потом она взяла ложку Настасьи
Ivanovitch Then she took (the) spoon (of) Nastasia

Петровны　　и　　попробовала　　кашу　　из　　её
Petrovna　　and　　tasted　　(the) cereal　from　her

тарелки.　Потом　она　взяла　самую　маленькую
plate　　　Then　she　took　(the) most　small
　　　　　　　　　　　　　　　　　[the smallest]

ложку　и　попробовала　кашу　из　тарелки
spoon　and　　tasted　　(the) cereal　from　(the) plate

Мишутки.　Каша　в　этой　тарелке　была　самая
(of) Mishutka　(The) Cereal　in　this　plate　was　(the) most

вкусная.
tasty

Девочка　захотела　сесть　и　видит　у　стола
(The) Girl　wanted　to sit down　and　sees　at　(the) table

три　стула. Один　стул,　самый　большой,　был
three　chairs　One　chair　(the) most　big　was

стул　Михаила　Ивановича.　Другой　стул,　не
(the) chair　(of) Mikhail　Ivanovitch　(The) other　chair　not

очень большой, был　стул　Настасьи Петровны.
very　big　was　(the) chair　(of) Nastasia　Petrovna

А   самый   маленький   стул   был   стул
And   (the) most   small   chair   was   (the) chair

Мишутки.   Сначала   девочка   хотела   сесть   на
(of) Mishutka   First   (the) girl   wanted   to sit down   on

самый   большой   стул,   стул   Михаила
(the) most   big   chair   (the) chair   (of) Mikhail

Ивановича,   но   не   смогла   сесть   на   него   и
Ivanovitch   but   not   was able   to sit down   on   it   and

упала.   Тогда   она   села   на   стул   Настасьи
(she) fell down   Then   she   sat down   on   (the) chair   (of) Nastasia

Петровны.   Но   этот   стул   был   неудобный.   Тогда
Petrovna   But   this   chair   was   uncomfortable   Then

она   села   на   самый   маленький   стул.   Это   был
she   sat down   on   (the) most   small   chair   It   was

стул   Мишутки.   Этот   стул   был   очень   удобный.
(the) chair   (of) Mishutka   This   chair   was   very   comfortable

Девочка   взяла   тарелку   Мишутки   и   стала   есть.
(The) girl   took   (the) plate   (of) Mishutka   and   began   to eat

Она съела всю кашу и начала качаться на
She ate all cereal and began to rock on

стуле. Стул сломался и девочка упала.
(the) chair (The) chair broke down and (the) girl fell down

Она встала и пошла в спальню. В
She got up to her feet and went to (the) bedroom In

спальне стояли три кровати. Одна кровать,
(the) bedroom were standing three beds One bed

самая большая, была кровать Михаила
(the) most big was (the) bed (of) Mikhail

Ивановича. Другая кровать, не очень большая
Ivanovitch (The) other bed not very big

и не очень маленькая, была кровать Настасьи
and not very small was (the) bed (of) Nastasia

Петровны. А третья кровать, самая
Petrovna And (the) third bed (the) most

маленькая, была кровать Мишутки. Сначала
small was (the) bed (of) Mishutka First

63

девочка	легла	в	самую	большую	кровать,
(the) girl	lied down	in	(the) most	big	bed

кровать	Михаила	Ивановича,	но	эта	кровать	была
(the) bed	(of) Mikhail	Ivanovitch	but	this	bed	was

слишком	широкая.	Тогда	она	легла	в	кровать
too	wide	Then	she	lied down	in	(the) bed

Настасьи	Петровны,	но	эта	кровать	была
(of) Nastasia	Petrovna	but	this	bed	was

слишком	высокая.	Наконец	она	легла	в	самую
too	high	Finally	she	lied down	in	(the) most

маленькую	кровать	–	кровать	Мишутки.	Эта
little	bed		(the) bed	(of) Mishutka	This

кровать	была	самая	удобная	и	девочка
bed	was	(the) most	comfortable	and	(the) girl

заснула.
fell asleep

Вечером	медведи	пришли	домой.	Они	были
In the evening	(the) bears	came	home	They	were

очень   голодные   и   хотели   обедать.   Михаил
very   hungry   and   wanted   to have lunch   Mikhail

Иванович,   самый   большой   медведь,   взял   свою
Ivanovitch   (the) most   big   bear   took   his

тарелку   и   громко   заревел:
plate   and   loudly   roared

"Кто   ел   из   моей   тарелки?"
Who   was eating from   my   plate

Его   жена,   Настасья   Петровна,   посмотрела   в
His   wife   Nastasia   Petrovna   looked   in

свою   тарелку   и   громко   заревела:
her   plate   and   loudly   roared

"Кто   ел   из   моей   тарелки?"
Who   was eating from   my   plate

А   Мишутка,   их   сын   увидел   свою   пустую
And   Mishutka   their   son   saw   his   empty

тарелку   и   заплакал:
plate   and   broke into tears

"Кто   ел   из   моей   тарелки   и   съел   всю
Who   was eating from   my   plate   and   has eaten   all

кашу?"
cereal

Михаил   Иванович   посмотрел   на   свой,   самый
Mikhail   Ivanovitch   looked   at   his   (the) most

большой   стул   и   громко   заревел:
big   chair   and   loudly   roared

"Кто   сидел   на   моём   стуле   и   сдвинул   его?"
Who   was sitting on   my   chair   and   moved   it

Настасья   Петровна   посмотрела   на   свой   стул   и
Nastasia   Petrovna   looked   at   her   chair   and

громко   заревела:
loudly   roared

"Кто   сидел   на   моём   стуле   и   сдвинул   его?"
Who   was sitting on   my   chair   and   moved   it

А   Мишутка   посмотрел   на   свой   сломанный
And   Mishutka   looked   at   his   broken

маленький стул и заплакал:
little chair and broke into tears

"Кто сидел на моём стуле и сломал его?"
Who was sitting on my chair and has broken it

Медведи пришли в спальню.
(The) bears came into (the) bedroom

Михаил Иванович посмотрел на свою, самую
Mikhail Ivanovitch looked at his (the) most

большую кровать и громко заревел:
big bed and loudly roared

"Кто спал на моей кровати и смял
Who was sleeping on my bed and has wrinkled

её?"
it

Настасья Петровна посмотрела на свою кровать
Nastasia Petrovna looked at her bed

и громко заревела:
and loudly roared

"Кто спал на моей кровати и смял
Who was sleeping on my bed and has wrinkled

её?"
it

А Мишутка посмотрел на свой маленькую
And Mishutka looked at his small

кровать, увидел девочку, которая там спала,
bed saw (the) girl who there was sleeping

и закричал:
and screamed

"Кто спит в моей кровати?"
Who is sleeping in my bed

Мишутка хотел укусить девочку, но девочка
Mishutka wanted to bite (the) girl but (the) girl

открыла глаза, увидела медведей, вскочила с
opened (her) eyes saw (the) bears jumped out of

кровати и побежала к окну. Окно
(the) bed and ran toward (the) window (The) window

было   открыто   и   девочка   выскочила   в
was   opened   and   the girl   jumped out   through

окно   и   убежала.
the window   and   ran away

По щучьему велению

По   щучьему   велению
Upon   pike's   will

В   одной   деревне   жил   старик.
In   one   village   lived   (an) old man

У него было три сына. Два старших сына были
At him were three sons Two older sons were
　　　[He had three sons]

умные, а третий, младший сын был дурак. Его
smart but (the) third younger son was (a) fool Him

звали   Емеля.
(they) called Emelya

Старшие братья каждый день работали, а Емеля
(The) Older brothers every day worked but Emelya

не любил работать, ничего не делал и целый
not loved to work nothing not did and all
　[did not like work]　[did not do anything]

день   лежал   на   печи.
day   was lying on   (a) stove

Старшие   братья   были   женаты,   а
(The) Older   brothers   were   married   but

у   Емели   не   было   жены.   Однажды   братья
at   Emelya   no   was   (a) wife   Once   (the) brothers
[Emelya did not have a wife]

уехали   на   базар,   а   их   жёны   говорят
left   for   (the) market   and   their   wives   say

Емеле:
(to) Emelya

"Емеля,   возьми   вёдра,   иди   на   реку   и
Emelya   take   buckets   go   to   (the) river   and

принеси   воду."
bring   water

Емеля   им   отвечает:
Emelya   them   answers

"Я   не   хочу."
I   not   want
[I don't want to]

"Емеля, пожалуйста, принеси воду. Старшие
Emelya   please   bring   water   (The) Older

братья приедут вечером и привезут тебе
brothers   will come   in the evening   and   will bring   (to) you

подарки."
presents

Когда Емеля услышал, что братья привезут
When   Emelya   heard   that   (the) brothers   will bring

ему подарки, он сказал:
(to) him   presents   he   said

"Ну, ладно, я пойду на реку и принесу воду."
Well   all right   I   will go   to   (the) river   and   bring   water

Емеля оделся, взял вёдра и пошёл на
Emelya   got dressed   took   (the) buckets   and   went   to

реку. Емеля пришёл на реку, он набрал
(the) river   Emelya   came   to   (the) river   he   took on

воду, и посмотрел в воду. И вдруг он
water   and   looked   into   (the) water   And   suddenly   he

увидел щуку в воде.
saw   (a) pike in (the) water

Емеля обрадовался и схватил щуку. А щука
Emelya   rejoiced   and grabbed (the) pike And (the) pike

говорит ему:
says   (to) him

"Емеля, отпусти меня!"
Emelya   let go   (of) me
          [let me go]

А Емеля смеётся:
But Emelya   is laughing

"Нет, нет! Я не отпущу тебя. Я отнесу тебя
No   no   I not   let go   (of) you I will take   you

домой. Мои невестки из тебя суп сделают.
home   My sisters-in-law from you   soup   will make

  Суп   будет очень вкусный."
(The) Soup will be   very   tasty

А щука говорит:
And (the) pike   says

"Емеля, Емеля, отпусти меня! Я сделаю всё,
Emelya   Emelya   let go   (of) me   I   will do   everything

что ты захочешь."
that   you   will want

"Ладно, я отпущу тебя. Но ты сначала покажи,
All right   I   will let go   (of) you   But   you   first   show

что ты меня не обманываешь."
that   you   me   not   deceive
        [you won't deceive me]

Щука   спрашивает его:
(The) Pike   asks   him

"Что ты сейчас хочешь?"
What   (do) you   now   want

Емеля   подумал,   посмотрел   на   тяжёлые
Emelya   thought for a while   looked   at   (the) heavy

вёдра с водой и говорит:
buckets   with   water   and   says

"Хочу, чтобы вёдра с водой сами
(I) want   that   (the) buckets   with   water   (by) themselves

пошли домой."
went home

Тогда щука ему говорит:
Then (the) pike (to) him says

"Запомни мои слова: когда ты захочешь
Remember my words when you will want

что-нибудь, скажи: по щучьему велению... и
something say upon pike's will and

всё будет, как ты хочешь."
everything will be as you want

Емеля говорит:
Emelya says

"По щучьему велению, идите вёдра домой
Upon pike's will go buckets home

сами!"
yourself

Как только он это сказал, вёдра сами
As only he this said (the) buckets themselves
[As soon as]

пошли	домой.	Емеля	отпустил	щуку	и	тоже
went	home	Emelya	let go	(of) the pike	and	also

пошёл	домой.	Вёдра	вошли	в	дом,	а
went	home	(The) Buckets	entered	-in-	(the) house	and

Емеля	опять	лёг	на печь.
Emelya	again	lied down	on (the) stove

Через	некоторое	время	невестки	ему
After	some	time	(the) sisters-in-law	(to) him

говорят:
say

"Емеля, иди	в	лес	и	принеси	дров."
Emelya go	to	(the) forest	and	bring	firewood

Емеля	им	отвечает:
Emelya	them	answers

"Я	не	хочу."
I	not	want

[I don't want to]

"Емеля,	пожалуйста,	принеси	дрова.	Старшие
Emelya	please	bring	firewood	(The) Older

братья	приедут	вечером	и	привезут	тебе
brothers	will come	in the evening	and	will bring	you

подарки."
presents

Когда	Емеля	услышал,	что	братья	привезут
When	Emelya	heard	that	(the) brothers	will bring

ему	подарки,	он	сказал:
him	presents	he	said

"Ну,	ладно,	я	пойду	в	лес	и	принесу
Well	all right	I	will go	to	(the) forest	and	will bring

дрова."
firewood

Емеля	оделся,	взял	топор,	вышел	во	двор
Emelya	got dressed	took	(an) axe	came out	into	(the) yard

и	сел	в	сани.	Он	сел	в	сани	и	говорит
and	sat	into	(the) sled	He	sat	into	(the) sled	and	says

невесткам:
(to his) sisters-in-law

"Откройте ворота."
   Open   (the) gates

А   невестки   ему   говорят:
But (the) sisters-in-law (to) him   say

"А   как   ты,   дурак,   поедешь   в   санях   без
But how you   fool   will go   in (the) sled without

лошади?"
  (a) horse

А   Емеля   отвечает:
But Emelya   answers

"Мне не нужна   лошадь. Мои   сани   могут   ехать
 Me   not necessary   horse   My   sled   can   drive
     [I don't need a horse]

  без   лошади,   а   сам   шепчет: 'По   щучьему
without   (a) horse   and   himself   whispers Upon   pike's

велению, идите, сани, в   лес   сами'."
   will   go   sled   to (the) forest yourself

Как только   он   это   сказал,   сани   быстро
 As   only   he   this   said   (the) sled   quickly
 [As soon as]

поехали в лес.
went to (the) forest

Емеля приехал в лес и говорит:
Emelya arrived to (the) forest and says

"По щучьему велению, топор, руби дрова."
Upon pike's will axe cut firewood

Как только он это сказал, топор начал рубить
As only he this said (the) axe began to cut
[As soon as]

дрова и класть их в сани.
firewood and put it into (the) sled

Потом Емеля сел в сани и сказал:
Then Emelya sat into (the) sled and said

"По щучьему велению, идите сани домой!"
Upon pike's will go sled home

Как только он это сказал, сани быстро
As only he this said (the) sled quickly
[As soon as]

поехали домой.
went home

Емеля	приехал	домой	и	опять	лёг	на
Emelya	came	home	and	again	lied down	on

печь.
(the) stove

Скоро	об	этих	чудесах	узнал	царь.	Он
Soon	about	these	wonders	found out	(the) czar	He

послал	офицера	к	Емеле	и	приказал	привезти
sent	(an) officer	to	Emelya	and	ordered	to bring

Емелю	во	дворец.
Emelya	to	(the) palace

Офицер	приезжает	в	деревню	и	входит	в
(The) officer	arrives	to	(the) village	and	enters	-in-

дом,	в	котором	живёт	Емеля,	видит	Емелю
(the) house	in	which	lives	Emelya	sees	Emelya

и	спрашивает:
and	aks

"Это	ты	Емеля-дурак?"
This	you	Emelya the fool

[Are you Emelya the fool?]

"Да," говорит Емеля.
Yes says Emelya

"Вставай, одевайся и я отведу тебя к царю."
Get up get dressed and I will take you to (the) czar

"Я не хочу," говорит Емеля.
I not want says Emelya
[I don't want to]

Офицер рассердился и ударил его палкой.
(The) officer got angry and hit him (with a) stick

А Емеля шепчет: "По щучьему велению,
And Emelya is whispering Upon pike's will

палка, побей офицера."
stick beat (the) officer

Как только он это сказал, палка выскочила из
As only he this said (the) stick jumped out
[As soon as]

рук офицера, стала его бить. Офицер
(of the) hands (of the) officer began him to beat (The) officer

испугался и убежал.
got frightened and ran away

Когда царь узнал, что офицер не смог
When (the) czar found out that (the) officer not was able [was not able]

привести Емелю, он удивился и послал к
to bring Emelya he got surprised and sent to

Емеле генерала и приказал привезти Емелю во
Emelya (a) general and ordered to bring Emelya to

дворец.
(the) palace

Генерал купил пряники и поехал в деревню.
(The) general bought ginger bread and went to (the) village

Он вошёл в дом, в котором жил Емеля, и
He entered -in- (the) house in which lived Emelya and

спросил невесток, что любит Емеля.
asked (the) sisters- in-law what likes Emelya

Невестки говорят:
(The) Sisters-in-law say

"Наш Емеля любит подарки."
Our Emelya likes presents

Тогда генерал дал Емеле пряники и говорит:
Then (the) general gave Emelya ginger bread and says

"Емеля, пойдём к царю."
Emelya let's go to (the) czar

Емеля отвечает:
Emelya answers

"Я не хочу."
I not want
[I do not want to]

Тогда генерал говорит:
Then (the) general says

"Тебе будет хорошо во дворце."
(To) you will be good in (the) palace
    [You will have it good]

А Емеля говорит:
But Emelya says

"Я не хочу."
I not want
[I do not want to]

Тогда генерал говорит:
Then (the) general says

"Царь   тебе   подарит шапку   и   сапоги."
(The) Czar (to) you will give (a) hat and   boots

Емеля   подумал   и   говорит:
Emelya   thought for a while and   says

"Ладно, я пойду во   дворец. Ты иди во   дворец,
 Alright I   will go   to   (the) palace You   go   to   (the) palace

 а   я   приду   после тебя, генерал."
and I will come   after   you   general

Генерал   уехал во   дворец,   а   Емеля говорит:
(The) general   left   for (the) palace and Emelya   says

"По   щучьему велению, печка, иди во   дворец!"
Upon   pike's   will   stove   go   to   (the) palace

Как только   он   это   сказал,   печь   поехала   во
As   only   he   this   said   (the) stove   went   to
[As soon as]

дворец:
(the) palace

Царь   смотрит   в   окно   и   видит   –
(The) czar   is looking   into   (the) window   and   sees

печь   сама идёт   по   улице,   а   на   печи
(the) stove itself is walking along (the) street and on (the) stove

лежит Емеля.
is lying   Emelya

Царь   спрашивает генерала:
(The) czar   aks   (the) general

"Кто это?"
Who   (is) this

А   генерал   отвечает:
And (the) general   answers

"Это Емеля, он   едет   к тебе на печи."
It   Emelya   he is driving to you   on (the) stove
[It is Emelya]

Царь   вышел на крыльцо и   говорит:
(The) czar came out to (the) porch and   says

"Здравствуй, Емеля. Говорят, ты умеешь чудеса
Hello   Emelya (They) say you   can   wonders

делать. Покажи, как ты делаешь чудеса!"
do   Show (me) how you   do   wonders

А   Емеля   отвечает:
But   Emelya   answers

"А   я не   хочу."
And   I   not   want
   [I don't want to]

Но   в   это   время   в   окно   на   него   смотрела
But   at   this   time   in   (the) window   at   him   was looking

царская   дочь,   Марья-царевна.   Когда   Емеля
(the) czar's   daughter   Maria the princess   When   Emelya

увидел   её,   он   шепнул: "По   щучьему   велению,
saw   her   he   whispered   Upon   pike's   will

Марья-царевна,   влюбись   в   меня".
Maria the princess   fall in love   in   me
   [fall in love with me]

Как   только   он   это   сказал,   Марья-царевна
As   only   he   this   said   Maria the princess
[As soon as]

влюбилась   в   Емелю.   А   Емеля   говорит:
fell in love   in   Emelya   And   Emelya   says
[fell in love with Emelya]

"По   щучьему   велению,   печка,   иди   домой!"
Upon   pike's   will   stove   go   home

Как только он это сказал, печь пошла домой.
As only he this said (the) stove went home
[As soon as]

Она вошла в дом, а Емеля лежит на
It entered -in- (the) house and Emelya is lying on

печи и опять ничего не делает.
(the) stove and again nothing not does
[does not do anything]

А Марья-царевна у царя в дворце плачет:
And Maria the princess at (the) czar in (the) palace is crying
[at the czar's palace]

не может жить без Емели и
not can to live without Emelya and
[cannot live]

хочет выйти за него замуж. Царь опять
wants to go out behind him married (The) Czar again
[wants to marry him]

говорит генералу:
says (to the) general

"Иди, генерал, приведи Емелю во дворец."
Go general bring Emelya to (the) palace

Генерал купил еды и вина и поехал к
(The) General bought food and wine and went to

Емеле. Емеля обрадовался, сел за стол и
Emelya Emelya rejoiced sat down to (the) table and

начал пить и есть. Он так много ел и
began to drink and eat He so much was eating and

так много пил, что сразу заснул и
so much was drinking that immediately fell asleep and

пока он спал, генерал положил его в
while he was sleeping (the) general put him into

карету и отвёз к царю.
(the) carriage and brought to (the) czar

Когда он привёз Емелю к царю, царь
When he brought Emelya to (the) czar (the) czar

приказал посадить Емелю и Марью-царевну в
ordered to sit Emelya and the princess into
(to put)

бочку, закрыть бочку и бросить бочку в
(a) barrel to close (the) barrel and to throw (the) barrel into

море.
(the) sea

Емеля проснулся в бочке и говорит:
Emelya   woke up   in (the) barrel and   says

"Где   я?"
Where   I
[Where am I?]

А   кто-то отвечает:
And somebody   answers

"Емеля,   царь   посадил нас в   бочку,   и
Emelya   (the) czar   sat   us into (the) barrel and

приказал бросить бочку в море."
ordered   to throw (the) barrel into (the) sea

"А кто ты?" спрашивает Емеля.
And who you   asks   Emelya
[And who are you?]

"Я   Марья-царевна. Я тебя люблю."
I (am) Maria the princess I   you   love

Емеля говорит:
Emelya   says

"По   щучьему велению, бочка, плыви   к
Upon   pike's   will   barrel   swim   toward

берегу."
(the) shore

Как только он это сказал, бочка поплыла
As only he this said (the) barrel swam
[As soon as] (started swimming)

к берегу.
toward (the) shore

Когда бочка приплыла на берег, Емеля и
When (the) barrel swam to (the) shore Emelya and
(had swum)

Марья-царевна вышли из бочки и
Maria the princess came out from (the) barrel and

Марья-царевна говорит:
Maria the princess says

"Емеля, а где мы будем жить?"
Emelya and where we wiil live

Емеля говорит:
Emelya says

"По щучьему велению, пусть на этом месте
Upon pike's will let on this place

будет каменный дворец с золотой крышей."
will be (a) stone palace with (a) golden roof

Как только он это сказал, каменный дворец с
As only he this said (a) stone palace with
[As soon as]

золотой крышей появился перед ними.
(a) golden roof appeared in front of them

Вокруг дворца красивый сад, в саду
Around (the) palace beautiful garden in (the) garden

красивые цветы и птицы поют.
beautiful flowers and birds sing
(are singing)

Емеля и Марья-царевна вошли во дворец
Emelya and Maria the princess entered -into- (the) palace

и сели у окна.
and sat down at (the) window

Марья царевна говорит:
Maria the princess says

"Емеля, а ты можешь стать красивым?"
Emelya and you can become handsome
[can you become handsome?]

Емеля говорит:
Emelya   says

"По   щучьему   велению,   я   хочу   стать   очень
Upon   pike's   will   I   want   to become   very

красивым."
    handsome

Как только он это сказал, как он   стал   очень
 As   only   he   this   said   as   he   beacame   very
[As soon as]

красивым и   высоким.
 handsome   and   tall

А   в   это   время   мимо   ехал   царь   и
And   at   this   time   past   was driving (the) czar   and
                            [past the palace was driving the czar]

видит большой каменный дворец   с   золотой
 sees   (the) big   stone   palace   with   (the) golden

крышей.
    roof

Царь   говорит:
(the) Czar   says

"Кто построил этот дворец? Кто в нём живёт?"
Who   has built   this   palace   Who in it   lives

Слуги   царя   пошли   во   дворец   и
(the) Servants   (of the) czar   went   to   (the) palace   and

спрашивают, кто живёт во дворце.   А   Емеля
are asking   who   lives   in   (the) palace   And   Emelya

отвечает им:
answers   them

"Попросите   царя   войти   во   дворец,   я   ему
Ask   (the) czar   to come   into   (the) palace   I   (to) him

скажу."
will say

Царь   вошёл   во   дворец.   Емеля   его   ведёт
(The) czar   came   into   (the) palace   Emelya   him   lead

к   столу   и   они   начинают   есть   и   пить.
toward   (the) table   and   they   begin   to eat   and   to drink

Царь   ест   и   пьёт,   а   Емелю   не   узнаёт.
(The) Czar   is eating   and   is drinking   but   Emelya   not   recognizes
[does not recognize Emelya]

Он спрашивает Емелю:
He   asks   Emelya

"Кто ты?"
Who   you
[Who are you?]

"А помнишь дурака Емелю, который приехал
And (you) remember (the) fool Emelya who came

к тебе на печи. Ты приказал меня и
to you on (the) stove You ordered me and

Марью-царевну посадить в бочку, а бочку
Maria the princess to sit into (a) barrel and (the) barrel
               (to put)

выбросить в море."
to throw out into (the) sea

Царь испугался, стал просить прощения
(the) Czar became frightened started to beg forgiveness

и говорит:
and says

"Женись на моей дочери, Емеля, и возьми моё
Marry my daughter Emelya and take my

царство."
kingdom

Так	Емеля	и	сделал:	он	женился	на
So	Emelya	also	did	he	married	

Марье-царевне	и	сам	стал	царём.
Maria the princess	and	himself	became	(the) czar

www.ingramcontent.com/pod-product-compliance
Lightning Source LLC
LaVergne TN
LVHW011336080426
835513LV00006B/388